Amazon Echo

1 x 1 Amazon Echo für Anfänger und Fortgeschrittene

Inhaltsverzeichnis

Einleitung

Ein Sprichwort sagt "Die Sprache ist der Schlüssel zur Welt". Wir leben mittlerweile in einer Welt, in der Maschinen begonnen haben, mit uns zu sprechen - beziehungsweise wir begonnen haben, uns auf diese Kommunikation einzulassen. Diese Möglichkeit, mit technischen Geräten zu kommunizieren, könnte unser Leben, wie wir es bisher kannten, Stück für Stück revolutionieren.

Mit den Amazon Echo Geräten ist es möglich, sich ein Stück Zukunft ins eigene Zuhause zu holen. In diesem Buch wirst du mehr über die Echo Produkte, Alexa, die verschiedenen Skills und Funktionen, sowie die Datenschutzfrage erfahren. Außerdem findest du eine ausführliche Liste lustiger und überraschender "Easter Eggs" zum Ausprobieren und Schmunzeln.

Kapitel 1: Die Echo Familie und Alexa

Im Jahr 2014 kam der Amazon Echo in den USA auf den Markt. Seit Februar 2017 sind Echo und Echo Dot nun auch in Deutschland frei erhältlich. Zuvor mussten potenzielle Käufer sich um ein Gerät "bewerben" und konnten es dann mit viel Glück auf eine Einladung von Amazon hin erwerben. Jetzt gibt es die kleinen, schlauen Helfer auch hier für Jedermann. Ein drittes Gerät, der Echo Tap, ist bisher nur in englischer Version verfügbar und in Deutschland (noch) nicht zu bekommen. Die Steuerung der Geräte läuft über die Online-Software Alexa. Diese macht die Geräte, unter richtiger Anwendung, zu kleinen persönlichen Assistenten, die kinderleicht über die Sprache gesteuert werden können - Alexa kann zuhören, Informationen abrufen, Fragen beantworten, neue Funktionen erlernen und sich so den Bedürfnissen der Nutzer anpassen. Die Schnittstelle zwischen Nutzer und Gerät ist die kostenlose Alexa-App fürs Smartphone. Über alle drei Geräte der Echo Familie kann Alexa in vollem Umfang genutzt werden. Sie unterscheiden sich lediglich in den technischen Details. Der Echo verfügt über einen integrierten, hochwertigen Lautsprecher und bezieht seinen Strom über ein mitgeliefertes Netzteil, während der etwas kleinere Tap seine Energie aus Akkus bezieht und somit portabler ist. Der Kleinste und mit Abstand Günstigste im Bunde - Echo Dot - ist lediglich mit einem kleinen Lautsprecher ausgestattet und benötigt ebenfalls ein Netzteil, um zu funktionieren. Alle drei Geräte können definitiv viel - welches am besten für dich geeignet ist, bestimmt sich lediglich durch die groben Anforderungen, die du an das Gerät hast.

Mehr über Alexa

Alexa, benannt nach der Bibliothek von Alexandria, ist sozusagen die künstliche Intelligenz der Amazon Echo Geräte. Vergleichbar mit dem, uns schon länger bekannten, Siri der Apple-Smartphones und Microsoft's Cortana, versteht Alexa unzählige Sprachbefehle und reagiert darauf. Durch die Kombination aus sieben empfindlichen Mikrofonen und einer Technik, die automatisch Nebengeräusche ausblendet, ist dies möglich, ohne dass der Nutzer Alexa anbrüllen oder sich pro Satz mehrmals wiederholen muss. Spielt Alexa beispielsweise gerade Musik ab, wird sie den Nutzer trotzdem verstehen und Sprachbefehle aufnehmen, sobald dieser sie Anspricht - und das auch, wenn die Distanz zwischen Nutzer und Gerät mehrere Meter beträgt.

Kapitel 2: Erste Schritte

Du hast dir einen Amazon Echo zugelegt und möchtest loslegen, weißt aber nicht genau, wie? In diesem Kapitel lernst du, deinen Echo einzurichten und erfährst mehr über die Steuerung und Handhabung.

Die Grundvoraussetzungen für die Nutzung des Geräts sind Stromzufuhr und WLAN-Zugang. Platziere deinen Echo an einer zentralen Stelle im Raum, an der er frei (d.h. ohne die Mikrofone und Lautsprecher zu behindern) stehen kann. Achte darauf, dass rings um das Gerät mindestens 15 Zentimeter Abstand zu Wänden etc. besteht. Schließe nun das Netzteil sowohl an der Rückseite des Echos, als auch an einer Steckdose an und schalte das Gerät an, indem du die Aktivierungstaste - das ist die Taste mit dem Punkt - betätigst. Daraufhin leuchtet ein blauer Farbring auf, der sich nach kurzer Zeit orange färbt. Und schon kann's losgehen!

Die Alexa App

Zunächst benötigst du die Alexa App auf deinem Smartphone oder Tablet. Du findest sie unter "Amazon Alexa" im Play-/Appstore. Die App mit dem hellblauen Symbol ist natürlich kostenlos. Solltest du kein Smartphone haben, kannst du dich alternativ unter https://alexa.amazon.de auch über einen PC anmelden - vorausgesetzt er verfügt über WLAN und einen Browser, der die Seite unterstützt (Safari, Chrome, Firefox, Microsoft Edge oder Internet Explorer). Empfohlen wird allerdings eindeutig die Nutzung über das Smartphone, da die App übersichtlicher und "immer dabei" ist. Starte die App und logge dich dort mit deinen Amazon Kundendaten ein. Wähle nun direkt auf der Startseite das Feld "Alexa personalisieren" und anschließend "Ein neues Gerät einrichten". Wähle deinen Echo und die Sprache (Deutsch oder Englisch) aus. Nun wirst du nach dem orangenen Lichtring gefragt - tippe auf "Weiter". Im nächsten Schritt geht es darum, deinen Echo mit dem Smartphone zu verbinden. Gehe dafür in deine WLAN-Einstellungen, warte bis dein Amazon Echo dort als Gerät angezeigt wird und verbinde. Das kann unter Umständen einige Minuten dauern. Sobald der Vorgang abgeschlossen ist, informiert dich Alexa darüber und fordert dich auf, die weitere Einrichtung in der App fortzusetzen. Dort wählst du als Nächstes deinen WLAN-Zugang aus und entsperrst ihn per Eingabe des Schlüssels. Hat es geklappt, teilt dir Alexa auch das sofort mit. Die Einrichtung ist damit für's Erste abgeschlossen. Anschließend wird dir ein kurzes Video präsentiert, das grob einige Dinge erklärt. Viel spannender und hilfreicher ist allerdings das, leider auch nicht allzu ausführliche, Tutorial, das dir danach angeboten wird. Hier gilt "Learning by doing" und du wirst animiert, direkt mit Alexa zu sprechen und einige ihrer Fähigkeiten kennenzulernen.

Steuerung

Da die Steuerung zum größten Teil sprachlich stattfindet, erklärt sich die manuelle Bedienung am Gerät fast von selbst. Es gibt lediglich vier Tasten: Plus und Minus regeln die Lautstärke (beim Echo Dot, beim großen Echo wird die Lautstärke über einen Drehregler verändert), der Punkt aktiviert das Gerät und per Druck auf die Taste mit dem durchgestrichenen Mikrofon, kannst du den Echo stumm, beziehungsweise vor allem taub, schalten. Drückst du diese letztgenannte Taste, färbt sich der Leuchtring rot. Alexa befindet sich dann quasi im "Standby" und reagiert nicht mehr auf Sprachbefehle, bis die Taste erneut gedrückt wird. Vor jeden Sprachbefehl, den du deinem Echo gibst, musst du die korrekte Ansprache, das Aktivierungswort, setzen. Dieses kannst du in der App ganz einfach anpassen. Tippe dafür in den Einstellungen (Menü links oben --> Dropdown --> Einstellungen) unter "Geräte" auf deinen Echo und dann unter "Allgemein" auf "Aktivierungswort". Dort kannst du aus derzeit vier Aktivierungsworten wählen: Amazon, Alexa, Echo und Computer. Überlege dir, welches Wort du verwenden möchtest. Du kannst das Aktivierungswort jederzeit wieder ändern. Immer wenn Alexa aktiv ist und das Aktivierungswort fällt, leuchtet der Lichtring automatisch blau auf und Alexa hört auf deine Sprache. Das Ganze funktioniert nur, wenn du das Aktivierungswort VOR deinen Sprachbefehl setzt. Ein kurzes Beispiel: sagst du "Alexa, wie geht es dir?", wird Alexa sofort antworten. Sagst du aber stattdessen "Wie geht es dir, Alexa?" horcht Alexa erst nach deiner Frage auf und du musst sie erneut stellen.

Kennenlernen mit Alexa

Wenn dein Echo eingerichtet und die grobe Steuerung klar ist, ist es höchste Zeit, Alexa etwas besser kennenzulernen. Stelle ihr ein paar einfache Fragen und staune, wie wortgewandt und flüssig sie in den meisten Fällen antwortet.

Frage zum Beispiel:

- "Alexa, wer bist du?"
- "Alexa, woher kommst du?"
- "Alexa, wie alt bist du?"
- "Alexa, was ist der Amazon Echo?"

Alexa lädt geradezu zum Herumprobieren ein und hat immer wieder nette Antworten parat. Ein bisschen Small-Talk zur Eingewöhnung gefällig?

- "Alexa, schön dich kennenzulernen!"
- "Alexa, wie geht es dir heute?"
- "Alexa, was ist deine Lieblingsfarbe?"
- "Alexa, verrate mir ein Geheimnis."
- "Alexa, du bist klug."
- "Alexa, erzähl mir einen Witz."

Alexa erspart dir in vielen Fällen die Benutzung von Suchmaschinen. Wenn du die Antwort auf eine konkrete Frage suchst, durchsucht Alexa für dich das Internet, um eine passende Antwort zu finden. Außerdem kannst du Alexa direkt bitten, etwas bei Wikipedia für dich nachzuschlagen.

Probiere es gleich aus:

- "Alexa, wer ist Angela Merkel?"
- "Alexa, wie lautet die Quadratwurzel aus 370?"
- "Alexa, wann wurde der Eiffelturm gebaut?"
- "Alexa, wo liegt Paraguay?"
- "Alexa, wie buchstabiert man Rechtschreibung?"
- "Alexa, was ist die Definition von Paradoxon?"
- "Alexa, öffne Wiki Deutschland."

Persönliche Angaben und externe Verbindungen

Andersherum kannst du deinen Echo für dich nur optimal nutzen, wenn du Alexa auch etwas über dich verrätst. Besonders wichtig ist es, dass sie deinen Standort kennt, um Informationen, z.B. zum Wetter, lokal angepasst abrufen zu können. Du kannst den

Standort angeben - und übrigens auch jederzeit ändern - indem du die Einstellungen in der App aufrufst und deinen Echo wählst. Unter "Allgemein" findest du die Schaltfläche "Gerätestandort". Dort kannst du die genaue Adresse eintragen. In den Einstellungen kannst du außerdem Töne, Zeitzone, Sprache, Maßeinheiten, sowie den Gerätenamen jederzeit so verändern, wie du es möchtest.

Ganz oben in den Einstellungen deines Echos findest du die Kategorie "Drahtlosverbindung". Hier hast du die Möglichkeit, den WLAN-Zugang zu aktualisieren, sollte dies nötig sein. Über die Schaltfläche "Bluetooth" kannst du externe, bluetoothfähige Lautsprecher hinzufügen, mit denen du Alexa verknüpfen möchtest. Dies ist vor allem praktisch, wenn du einen Echo Dot hast und dir die Qualität der dort integrierten, kleinen Lautsprecher nicht ausreicht. Stelle sicher, dass der Lautsprecher, den du hinzufügen möchtest, angeschaltet und das Bluetooth aktiviert ist und tippe auf "Ein neues Gerät koppeln". Nach einigen Sekunden sollte der Name deines Lautsprechers erscheinen, den du dann lediglich antippen musst, um ihn hinzuzufügen.

Kapitel 3: Die wichtigsten Funktionen

Du wirst nach und nach feststellen, wie viel dein Echo, beziehungsweise Alexa, kann. In diesem Kapitel lernst du die wichtigsten Funktionen kennen und erfährst, wie du sie einrichtest.

Nachrichten, Wetter und Verkehr

- "Alexa, wie lautet meine tägliche Zusammenfassung?"
  Auf diese Frage hin gibt Alexa dir die wichtigsten Nachrichten des Tages. Du kannst die Inhalte personalisieren, indem du unter Einstellungen in der Kategorie "Konten" auf "Tägliche Zusammenfassung" tippst. Wenn du nun die Schaltfläche "Mehr aus der täglichen Zusammenfassung" wählst, kannst du dir aus verschiedenen Skills zum Thema Nachrichten (z.B. Spiegel Online, ZDFheute Xpress, Bild oder Sportschau), die auswählen, die dich interessieren. Öffne einen Skill und tippe dann auf "Aktivieren", um ihn

hinzuzufügen. Die Navigation durch deine tägliche Zusammenfassung funktioniert über "Alexa, weiter/zurück/abbrechen.".

- "Alexa, gib mir mein Sport-Update!" Wenn du dich besonders für Sport interessierst, kannst du die wichtigsten Neuigkeiten der Mannschaften, die dich begeistern, täglich von Alexa hören. Gehe dafür unter Einstellungen auf "Sportnachrichten" und suche dort nach den Teams, bei denen du gerne auf dem Laufenden bleiben möchtest.

- "Alexa, wie ist das Wetter?" Um diese Funktion zu nutzen solltest du deinen Standort eingegeben haben. Du kannst Alexa auch nach dem Wetter für bestimmte Zeiträume oder Tage fragen: "Alexa, wie wird das Wetter morgen/nächste Woche/am Donnerstag?" Willst du die Wetterverhältnisse eines Ortes erfahren, der von deinem Standort abweicht, frage: "Alexa, wie wird das Wetter in X?" Du kannst außerdem direkt nach speziellen Wetterumständen fragen, z.B. "Alexa, wird es morgen schneien/regnen?" Alexa nutzt hierfür Informationen von AccuWeather.

- "Alexa, wie sieht es aktuell mit dem Verkehr aus?"
Alexa kann dir die aktuellen Verkehrsmeldungen für deinen Arbeitsweg geben. Dafür musst du lediglich deine Strecke abspeichern. Und das geht so: Wähle in den Einstellungen im Abschnitt "Konten" die Schaltfläche "Verkehr". Gib anschließend deinen Start- und Zielort an tippe auf "Änderungen speichern". Du kannst außerdem einen Zwischenhalt hinzufügen, indem du die Option "Stopp hinzufügen" wählst.

Geschäfte und Filmvorstellungen

- "Alexa, welche [Geschäfte/Restaurants] befinden sich in der Nähe?"
Alexa nutzt deinen Standort und Informationen von Yelp, um für dich nach Restaurants, Shops und anderen Geschäften in der Nähe zu suchen. Du kannst außerdem nach den am besten bewerteten Geschäften fragen. Sage dafür: "Alexa, was sind die am besten bewerteten [Geschäfte/Restaurants]?". Willst du spezifischere Informationen

frage Alexa direkt danach: "Alexa, suche die Telefonnummer/Adresse/Öffnungszeit en eines [Geschäfts/Restaurants] in der Nähe." Immer nachdem Alexa dir ein Geschäft genannt hat, kannst du gleich im Anschluss mehr darüber erfahren. Frage beispielsweise: "Alexa, wie weit ist es?" oder "Alexa, haben sie geöffnet?".

- "Alexa, welche Filme laufen?"
  Auf diese Frage hin nennt Alexa dir die Filmvorstellungen in einem Kino in deiner Nähe. Möchtest du die Information für einen anderen Ort, frage "Alexa, welche Filme laufen gerade in [Stadt]?" Nach speziellen Genres fragst du mit "Alexa, welche [Genre]-Filme laufen?" Mit den folgenden Fragen kannst du mehr zu den Vorstellungszeiten erfahren: "Alexa, wann läuft [Film] heute/morgen/am Wochenende?" / "Alexa, welche Filme laufen zwischen [Zeitraum]?" Du kannst die Fragen außerdem auf ein bestimmtes Kino beziehen: "Alexa, welche Filme werden in [Kino] gespielt?" / "Alexa, um welche Zeit läuft [Film] in [Kino] in [Stadt]?" Mit dieser Funktion steht

auch spontanen Kinobesuchen nichts mehr im Wege.

Musik und Hörbücher

Du kannst verschiedene Amazon Dienste, sowie auch einige Dienste von Drittanbietern nutzen, um Medien mit Alexa zu verbinden.

- Folgende Streamingdienste für Musik und Hörbücher sind mit Alexa kompatibel: Amazon Music, Prime Music, Amazon Music Unlimited, Spotify Premium, Tuneln, Audible und Kindle. Konten von Amazon Diensten, die du schon nutzt, sind automatisch mit Alexa verbunden. Du findest sie in den Einstellungen unter "Musik und Medien". Dort kannst du außerdem Dienste von Drittanbietern hinzufügen. Wähle den Musikdienst, dessen Konto du verknüpfen möchtest, melde dich mit deinen Zugangsdaten an und tippe auf "Konto mit Alexa verknüpfen". Erscheint an dieser Stelle eine Fehlermeldung, lässt sich diese in den meisten Fällen beheben, indem du deine Zugangsdaten für das gewählte Konto zurücksetzt und es dann erneut versuchst. Du kannst jede Verknüpfung mit der Option "Konto von Alexa trennen" aufheben. Um Musik abzuspielen, Info's zu erhalten und innerhalb des Skills zu navigieren, gebe folgende Sprachbefehle:

"Alexa, spiele [Song] von [Künstler]."
"Alexa, spiele das Album [Titel]."
"Alexa, spiele etwas von [Künstler]."
"Alexa, spiele [Musikstil]."
"Alexa, meine Playlist [Titel] anhören."
"Alexa, spiele den Radiosender [Titel]."
"Alexa, welcher Song/Künstler ist das?"
"Alexa, wann wurde dieser Song veröffentlicht?"
"Alexa, weiter/zurück/stopp/fortsetzen/wieder holen."
"Alexa, lauter/leiser/Lautstärke auf [Zahl]."

Eine weitere praktische Option ist der Einschlaf-Timer. Du kannst Alexa auffordern, zu einer bestimmten Uhrzeit aufzuhören, Musik abzuspielen. Sage dazu: "Alexa, höre in [Zahl] Minuten/Stunden auf, Musik zu spielen."

- Für Hörbücher gelten folgende Sprachbefehle:

"Alexa, lese [Titel] vor."
"Alexa, mein Buch fortsetzen."
"Alexa, anhalten/zurückspulen/vorspulen/Neu start."
"Alexa, nächstes/vorheriges Kapitel."
"Alexa, gehe zu Kapitel [Zahl]."

Auch hier hast du die Möglichkeit, einen Einschlaf-Timer zu stellen..

Wecker, Timer und Erinnerungen

- "Alexa, Wecker für [Uhrzeit] stellen." Du kannst über Alexa bis zu 100 Wecker gleichzeitig stellen. Wenn du einen Wecker stellen möchtest, der sich regelmäßig wiederholt, nutze den Sprachbefehl "Alexa, stelle einen wiederholenden Alarm für [Wochentag] um [Uhrzeit]." Du kannst jeden so gestellten Wecker über die Alexa App bearbeiten. Wähle im Menü "Notizen & Wecker" aus, dann den Wecker, den du bearbeiten möchtest. Nun kannst du sowohl die Wiederholungen, als auch Töne und Lautstärke der Alarme anpassen. Möchtest du dich versichern, ob und auf wann du einen Wecker gestellt hast, frage "Alexa, welche Wecker sind für morgen gestellt?" Klingelt ein Wecker, sage "Alexa, stopp." um ihn zu stoppen oder "Alexa, schlummern.", um 9 Minuten später erneut geweckt zu werden.

- "Alexa, stelle den Timer auf [X] Minuten."
Das Stellen und die Verwaltung von Timern funktioniert im Prinzip exakt wie bei der Wecker-Funktion. Weitere Sprachbefehle für den Timer: "Alexa, wie viel Restzeit ist noch in meinem Timer?" / "Alexa, beende meinen Timer [für X Minuten]." Klingelt ein Timer, kannst du ihn mit "Alexa, stopp." abschalten.

- "Alexa, erinnere mich daran, [Ereignis + Tag/Uhrzeit]."
Alexa hilft dir, nichts zu vergessen. Egal ob es um wichtige Termine, zu erledigende Anrufe oder das Füttern der Katze geht - sag's Alexa und sie wird dich rechtzeitig erinnern. Deine Erinnerungen kannst du, genau wie bei Wecker und Timer, im Menü unter "Notizen und Timer" verwalten.

Kalender und Listen

- "Alexa, was steht für heute auf meinem Kalender?"
  Folgende Kalender können mit Alexa verknüpft werden: iCloud, G-Mail, G Suite, Office 365, Outlook, Hotmail und Live. Und so verknüpfst du deinen Kalender: Tippe in den Einstellungen das Feld "Kalender" an und wähle dort dein Kalender-Konto aus der Liste der unterstützten Anbieter aus. Tippe auf "Verknüpfen", gib die Zugangsdaten ein und erlaube Alexa so den Zugriff. Je nach Kalenderart kann es sein, dass du zusätzlich einige Schritte zur Verifizierung und Authentifizierung durchlaufen musst. Folge dafür den jeweiligen Anweisungen in der App. Umfasst das verknüpfte Konto mehrere Kalender, kannst du außerdem festlegen, auf welche davon Alexa Zugriff haben soll. Um nun etwas im Kalender einzutragen, sage: "Alexa, füge [Ereignis] für [Tag] um [Uhrzeit] zu meinem Kalender hinzu."

- "Alexa, was steht auf meiner [Einkaufs-/To-Do-Liste]?"

Pro Liste kannst du bis zu 100 Elemente mit jeweils maximal 256 Zeichen abspeichern. Die mit Alexa erstellten Listen kannst du auch offline einsehen und bei Bedarf über einen PC drucken. Um die Listen zu verwalten oder zu bearbeiten, rufe im Menü den Punkt "Listen" auf. Hier kannst du Punkte zu den Listen hinzufügen, sowie Punkte durch abhaken der Kontrollkästchen abschließen oder löschen. Du kannst Inhalte jederzeit sprachlich mit dem Befehl "Alexa, füge [Artikel] zu meiner [Einkaufs-/To-Do-Liste] hinzu." auf eine Liste setzen. Du kannst auch Drittanbieter Listendienste, Anydo und Todoist, mit Alexa verknüpfen. Tippe dafür in den Einstellungen unter Listen den gewünschten Drittanbieter an, gebe deine Zugangsdaten für den Dienst ein und wähle "Verknüpfen". Im Skill Store findest du außerdem den beliebten Einkaufslistendienst Bring!.

Amazon-Shopping

Du kannst via Sprachbefehl an Alexa Bestellungen über dein Amazon-Konto tätigen und verfolgen. Es sind auf diesem Wege lediglich Prime-berechtigte Produkte bestellbar. Um diese Funktion nutzen zu können, benötigst du eine Mitgliedschaft bei Amazon-Prime, sowie eine deutsche Lieferadresse. Außerdem muss in deinen 1-Click-Einstellungen eine deutsche Rechnungsadresse und die Zahlungsart bei einer deutschen Bank hinterlegt sein. Aktiviere die Spracheinkaufsfunktion, indem du im Menü der Alexa App unter "Einstellungen" zu "Spracheinkauf" gehst und den Regler bei "Spracheinkäufe auf Amazon für Ihr Alexa-fähiges Gerät aktivieren" nach rechts verschiebst. Anschließend kannst du direkt einen Bestätigungscode festlegen, der fortan bei jedem Spracheinkauf wird, um unbeabsichtigte Bestellungen zu vermeiden. Um einen Artikel zu bestellen, sage "Alexa [Name des Artikels] bestellen." und dann "Ja", wenn Alexa den richtigen Artikel gefunden hat. Mit dem Sprachbefehl "Alexa, füge [Name des Artikels] zu meinem Einkaufswagen hinzu.", kannst du Produkte in deinen Amazon Warenkorb schieben. Stornieren kannst du eine Bestellung mit dem Befehl "Alexa, storniere meine Bestellung."

Smart Home

Alexa kann mit zahlreichen Smart Home Geräten verbunden werden, darunter Lampen und Thermostate. Diese werden mittlerweile von zahlreichen Herstellern angeboten. Eine komplette Liste kompatibler Geräte findest du online im Amazon Smart Home Shop. Um Alexa mit einem Smart Home Gerät zu nutzen, benötigst du einen passenden Skill, je nach Hersteller und Funktion. Diesen kannst du im Menü der Alexa App unter "Skills" oder auf der Website im Skill Store suchen und aktivieren. Folge den dortigen Anweisungen, um dein(e) Smart Home Gerät(e) mit Alexa zu verbinden und dein smartes Zuhause per Sprache zu steuern.

IFTTT

Der Drittanbieter Dienst IFTTT ("If This Then That", frei übersetzt "Wenn dies, dann das") ermöglicht ein besseres und weitreichenderes Zusammenspiel verschiedener Geräte, Apps und Websites. Über IFTTT lassen sich Regeln, sogenannte

Applets, erstellen, die verschiedene Vorgänge automatisieren - immer nach dem Prinzip "Wenn Ereignis A eintritt, führe Aktion B aus". Du kannst IFTTT mit Alexa nutzen. Ein Beispiel: mit dem richtigen Applet kannst du einstellen, dass Alexa automatisch eine Erinnerung daran abspeichert, wenn du sie nach Terminen für Sportveranstaltungen deiner Lieblingsmannschaften fragst. IFTTT ermöglicht es dir außerdem, Alexa mit Websites zu verknüpfen, die eigentlich (noch) nicht kompatibel sind. Um diesen Dienst zu nutzen benötigst du ein Konto bei IFTTT. Gehe zu https://ifttt.com/amazon_alexa, wähle "Sign up" (beziehungsweise "Sign in", falls du schon ein Konto besitzt) und folge dem Anmeldungsprozess. Die Website steht bisher leider nur in englischer Sprache zur Verfügung. Tippe, wenn du angemeldet bist, auf "Connect". Gib Abschließend die Zugangsdaten für dein Amazon Konto an und verknüpfe IFTTT damit. Du findest zahlreiche vorgefertigte Applets für Alexa, die du mit wenigen Klicks aktivieren kannst. Nach jeder Aktivierung kann es bis zu einer Stunde dauern, bis das Applet tatsächlich funktioniert. Den zugehörigen sprachlichen "Trigger" (Sprachbefehl) findest du beim jeweiligen Applet. Etwas komplizierter, aber dennoch überraschend simpel, ist es, selbst Applets zu erstellen. Erstelle dafür zuerst den Auslöser (Trigger) indem du auf das Pluszeichen vor "this" klickst. Beispiel für den Auslöser: Sprachbefehl. Im nächsten Feld kannst du dann direkt den ausformulierten Befehl festlegen und anschließend "Create Trigger" wählen. Nun fehlt noch die gewünschte Reaktion auf diesen Auslöser. Wähle dafür den Webdienst aus, den du mit Alexa verknüpfen willst, beispielsweise Facebook oder Twitter, und lege die gewünschte Aktion fest. Je nach Aktion und Dienst kannst du jetzt noch einige spezifischere Einstellungen vornehmen, bevor du das Applet mit einem Klick auf "Finish" abspeicherst.

Kapitel 4: Skills

Momentan existieren etwa 7000 Skills verschiedenster Art für Alexa. Du findest diese Skills in der App beziehungsweise auf der Alexa Website im Skill Store. Zu jedem Skill findest du dort den zugehörigen Sprachbefehl und, wenn nötig, eine Anleitung zur Einrichtung des Skills. Tippe auf aktivieren oder sage "Alexa, Skill [Name] aktivieren.", um Alexa eine Fähigkeit "beizubringen". Du kannst die Skills jederzeit wieder deaktivieren, indem du die Schaltfläche betätigst oder "Alexa, Skill [Name] deaktivieren." sagst. Probiere ruhig verschiedene Skills aus - um Speicherplatz brauchst du dir bei deinem Echo dank Cloud keine Sorgen zu machen. In diesem Kapitel findest du einige der am besten bewerteten Skills unterteilt in verschiedene Kategorien.

Wirtschaft & Finanzwelt

- Börse Frankfurt: aktuelle Aktienkurse und Indexstände

- PlanetHome Immobilienbewertung: Kostenlose und schnelle Werteinschätzung von Immobilien
- Smartsteuer: Hilft und erklärt Begriffe rund um die Steuererklärung
- Bitcoin Kurs: Ermittelt den aktuellen Bitcoin Kurs in Euro und Dollar
- Crypto Cointicker: Zeigt Preis, Rang, Marktwert und mehr zu etwa 100 verschiedenen Cryptowährungen (u.a. Bitcoin, Litecoin und Monero) an
- TraderFox: Liefert Börsenzitate, Trading-Ideen und Marktberichte

Sport

- Formel 1 Fan: Info's rund um die Formel 1, inklusive Renntermine, Ranglisten und Statistiken
- TorAlarm: Spielergebnisse und Tabellen der 1. - 3. deutschen Fußball Ligen
- Olympische Sommerspiele / Winterspiele: zwei separate Skills, die Info's rund um die kommenden Winter- oder Sommerspiele liefern

Shopping

- Vergleich.org Produktempfehlung: Vergleicht Produkte in über 2600 Kategorien nach Preis, Leistung, Service und Tarif
- MonsterDealz.de: Info's zu Angeboten von deutschlands schnellstem Schnäppchen-Blog
- Deal des Tages: Tägliche Schnäppchen-Tipps der CHIP-Redaktion
- Sag mir den Preis: Erhalte Preisangaben für Produkte direkt im Vergleich zum Preis bei Amazon
- Real,-: Angebote, News und Rezepte des Supermarkts Real in deiner Nähe

Smart Home

- ioBroker Smart Home: vereint Smart Home Geräte und vereinfacht die Verwaltung
- Symcon: ermöglicht Schalten, Dimmen und die Einstellung von Temperaturwerten von Symcon unterstützten Geräten

- Homee: Verbindet Smart Home Geräte und vereinfacht die Steuerung über Alexa
- Controlicz: Findet und verbindet Smart Home Geräte, die von Domoticz Smart Home Software verwaltet werden
- Sonnen: Abfrage von Informationen zur sonnenBatterie
- Smart Life: Verwaltung von Smart Home Geräten zur Beleuchtung
- Myfox Security: Bedienung von Myfox Alarmen und Kameras
- Hue: Skill der Philips Hue Lampen

Auto

- AutoGuru: Fakten rund ums Thema Autos, inklusive Kennzeichenabfrage
- DriveNow Carsharing: Finde und reserviere DriveNow Autos in deiner Nähe
- Carsharing: Finde Carsharing Autos in deiner Nähe und reserviere sie über deinen Car2go Accout
- Fahrtzeit: Ermittelt die aktuelle Fahrtzeit zwischen zwei Orten mit Hilfe von Google Maps

- Benzinpreise: Aktuelle Spritpreise deutschlandweit; ermittelt standortbezogen die billigste Tankstelle und unterscheidet Super, E10 und Diesel
- Billigtanke: Aktuelle Spritpreise deutschlandweit; ermittelt die billigste Tankstelle im Umkreis von 4 km
- BMW Connected: optimiert Fahrzeuge von BMW ab Baujahr 2014

Spiele und Unterhaltung

- Schlag den Bänker: Interaktives Strategiespiel, bei dem es darum geht, geschickte Entscheidungen zu treffen
- Orakel Otto: Orakel Otto nimmt dir Alltagsentscheidungen ab
- Höher oder Tiefer - das beliebte Kartenspiel: Die Skillversion des Kartenspiels, dank Alexa ganz ohne Karten
- Java-Quiz: Quizfragen rund um Java mit je zwei-vier Antwortoptionen
- Mathe Trainer: Matheaufgaben in drei Schwierigkeitsstufen
- Würfelbecher: Lass Alexa für dich Würfeln.

- Werwölfe: Eine Nacht: Skill zum bekannten Spiel "Werwölfe"
- Deal or no Deal: Skill zum bekannten Spiel "Deal or no Deal"
- Zahlenspiel: einfaches Denk-Zahlenspiel
- Ich habe noch nie: Gesellschafts-/Partyspiel, bei dem du mehr über deine Mitspieler erfährst
- Tic Tac Toe: Spiele Tic Tac Toe gegen Alexa
- Shot oder Spott - das Trinkspiel mit Mutprobe: ausgefallener Partyspaß mit über 80 verschiedenen Mutproben
- Rollenspiel Soloabenteuer: Durchlaufe verschiedene, spannende Soloabenteuer, beispielsweise "Von Räubern und Herolden"
- Blackjack mit authentischer Kartengeberin: Macht Alexa zur Dealerin deines Spiels
- Reise nach Jerusalem: Verleiht dem Spiel "Reise nach Jerusalem" durch zusätzliche Aufgaben von Alexa neuen Schwung
- Memo Spiel: Memory mit Geräuschen
- Politiker Raten: Teste dein Wissen rund um die deutschen Spitzenpolitiker
- Mein Auftrag (Detektivspiel): Schlüpfe, mit Alexa an deiner Seite, in die Rolle eines Privatdetektiven

- Würdest Du Eher: Einfaches Spiel, bei dem es darum geht, sich zwischen jeweils zwei Optionen zu entscheiden
- Was singt Dave? Das Musik Quiz: Errate welchen Hit Dave zum Besten gibt
- Abenteuer Welt: Spiele interaktive Abenteuerspiele, bei denen du in verschiedene Rollen schlüpfen und die Geschichte durch Anweisungen voran bringen kannst
- Vier-Ecken-Rechnen: Multiplayer für's Kopfrechentraining
- Flaschendrehen - Wahrheit oder Pflicht: Partyspiel mit über 180 Aufgaben und Fragen
- Länderreise: Einfaches Spiel über die Länder dieser Welt
- Verrückte Fragen: Beantworte Fragen zu breitgefächerten Themen
- Blitzschach: Spiele Schach gegen Alexa
- Unnützes Wissen: haufenweise unnütze, aber dennoch interessante Fakten
- Ching Chang Chong: Spiele "Schere, Stein, Papier" gegen Alexa
- Vier Gewinnt Spiel: Spiele "Vier Gewinnt" gegen Alexa
- Zungenbrecher: Versuche dich an verschiedenen Zungenbrechern

Sonstige

- Abfallkalender: Erfrage Termine der Müllabfuhr für deinen Standort
- DHL Paket: Erfrage den Sendungsstatus deiner Pakete
- Stundenplan: Trage den Stundenplan / die Stundenpläne über ein Web-Interface ein und erhalte künftig sämtliche Info's dazu ganz einfach von Alexa
- LOTTO24: Verrät dir die Lottozahlen, auch wenn du mal eine Ziehung verpasst hast
- BMI Rechner: Berrechnet den BMI
- Zahlensysteme: Wandelt jede Dezimalzahl in binär, oktal oder hexadezimal um
- Call a Bike: Frage Alexa nach freien DB Rädern in deiner Nähe
- Mytaxi: Bestelle ein Taxi über Alexa
- Fluege.com: Finde Flugverbindungen
- Pollenflug: Standortbezogene Info's dazu, welche Pollen aktuell unterwegs sind
- My Motivator: Positive, motivierende Sprüche für Zwischendurch

- Daily Challenge: Herausforderungen, die jeden Tag etwas spannender machen
- Weltretter: Tipps und Anregungen, wie du die Welt ein bisschen besser machen kannst
- Einschlafgeräusche: Auswahl an verschiedenen beruhigenden Geräuschen
- Chefkoch: Zugriff auf über 300.000 Rezepte
- Fernsehprogramm: TV Programm, inklusive Genresuche und Empfehlungen
- TK Smart Relax: Verschiedene Entspannungstechniken
- radio.de: Zugriff auf Radiosender und Webradios
- Fitbit: Unterstützt beim Erreichen von Fitnesszielen
- Deutsche Bahn: Zug-, S-Bahn- und Busverbindungen aller DB Bahnhöfe

Kapitel 5: Easter Eggs

Easter Eggs, zu Deutsch also "Ostereier", sind kleine, oft gut versteckte Extrafunktionen, die häufig bewusst von Programmierern "hinterlassen" werden. Bei Alexa gibt es einige dieser kleinen Überraschungen zu entdecken, die auch dich sicher zum Schmunzeln bringen. Sage/Frage beispielsweise Folgendes:

Begrüßung/Abschied

- "Alexa, guten Morgen!"
- "Alexa, moin."
- "Alexa, habe die Ehre."
- "Alexa, Tschüssikowski."
- "Alexa, ich bin dann mal weg."
- "Alexa, schlaf gut."
- "Alexa, gute Nacht."
- "Alexa, see you later, Alligator."
- "Alexa, habe die Ehre."
- "Alexa, Grüezi."
- "Alexa, Hummel Hummel"

Small Talk und Aufforderungen

- "Alexa, alles Roger in Kambodscha?"
- "Alexa, stell dich vor."
- "Alexa, kannst du Beatboxen?"
- "Alexa, kannst du Rappen?"
- "Alexa, willst du mein Freund sein?"
- "Alexa, gehst du mit mir aus?"
- "Alexa, magst du Blumen?"
- "Alexa, magst du Katzen?"
- "Alexa, magst du Hunde?"
- "Alexa, magst du Einhörner?"
- "Alexa, hast du mal Feuer?"
- "Alexa, hole mir ein Bier?"
- "Alexa, mach Blödsinn!"
- "Alexa, pups mal!"
- "Alexa, kannst du niesen?"
- "Alexa, mach den Abwasch!"
- "Alexa, bist du ein Nerd?"
- "Alexa, ich bin traurig/depressiv."
- "Alexa, ich habe Schmerzen."
- "Alexa, ich könnte Kotzen."
- "Alexa, mir ist kalt."
- "Alexa, ich bin betrunken."
- "Alexa, bist du kitzelig?"
- "Alexa, überrasche mich!"
- "Alexa, wie heißt das Zauberwort?"

- "Alexa, was möchtest du werden, wenn du groß bist?"
- "Alexa, du musst noch viel lernen."
- "Alexa, was hältst du von der Zeitumstellung?"

Emotionales

- "Alexa, mach mir ein Kompliment."
- "Alexa, ich liebe dich."
- "Alexa, ich hasse dich."
- "Alexa, liebst du mich?"
- "Alexa, du bist entlassen!"
- "Alexa, Schnauze!"
- "Alexa, bin ich hübsch/cool/schlau?"
- "Alexa, ich hab dich lieb."
- "Alexa, du vervollständigst mich."

Anspielungen auf Filme/Charaktere

- "Alexa, es ist eine Falle!"
- "Alexa, ich bin dein Vater."
- "Alexa, ich bin deine Mutter".
- "Alexa, magst du Star Wars?"
- "Alexa, möge die Macht mit dir sein!"
- "Alexa, nutze die Macht!"

- "Alexa, sprich wie Yoda!"
- "Alexa, wer hat zuerst geschossen?"
- "Alexa, mach mir ein Sandwich!"
- "Alexa, Tee, Earl Grey, heiß!"
- "Alexa, Kaffee, heiß!"
- "Alexa, lebe lang und in Frieden."
- "Alexa, Widerstand ist zwecklos!"
- "Alexa, kannst du klingonisch sprechen?"
- "Alexa, beam mich hoch."
- "Alexa, was ist die [erste - fünfte] Regel des Fightclubs?"
- "Alexa, spiel mir das Lied vom Tod."
- "Alexa, sprich Freund und tritt ein."
- "Alexa, leben wir in der Matrix?"
- "Alexa, hasta la vista baby!"
- "Alexa, ich komme wieder!"
- "Alexa, wo ist Chuck Norris?"
- "Alexa, finde Chuck Norris!"
- "Alexa, erzähl' einen Chuck Norris Witz."
- "Alexa, wie alt ist Chuck Norris?"
- "Alexa, der Winter naht."
- "Alexa, Valar morghulis!"
- "Alexa, alle Menschen müssen sterben."
- "Alexa, was weiß Jon Snow?"

Zitate aus Musik und Literatur

- "Alexa, Ende gut Alles gut."
- "Alexa, Romeo oh Romeo, warum bist du Romeo?"
- "Alexa, Romeo oh Romeo."
- "Alexa, Sein oder nicht Sein?"
- "Alexa, ein Fisch, zwei Fische..."
- "Alexa, hoch auf dem gelben Wagen."
- "Alexa, keine Panik."
- "Alexa, kennst du ein Gedicht?"
- "Alexa, lass dein Haar herunter."
- "Alexa, Mahna Mahna."
- "Alexa, Rosen sind rot."
- "Alexa, sag ein Gedicht auf!"
- "Alexa, was ist die erste Lektion des Schwertkampfs?"
- "Alexa, wer ist die/der Schönste im ganzen Land?"
- "Alexa, backe, backe Kuchen."
- "Alexa, wer wie was?"

Philosophische Fragen

- "Alexa, gibt es Außerirdische?"
- "Alexa, wann geht die Welt unter?"
- "Alexa, warum ist der Himmel blau?"
- "Alexa, warum ist die Banane krumm?"

- "Alexa, was ist das Beste im Leben?"
- "Alexa, wozu ist Krieg gut?"
- "Alexa, was ist Liebe?"
- "Alexa, glaubst du an Gott?"
- "Alexa, glaubst du an Geister?"
- "Alexa, was hältst du von Politik?"
- "Alexa, bist du eine Feministin?"

Sonstiges

- "Alexa, belle wie ein Hund."
- "Alexa, gib mir Tiernamen."
- "Alexa, ich bin ein Star, hol mich hier raus!"
- "Alexa, Partytime."
- "Alexa, Selbstzerstörung."
- "Alexa, warum liegt hier eigentlich Stroh?"
- "Alexa, zieh dich aus!"
- "Alexa, wer ist der Mörder?"
- "Alexa, noch so ein Ding - Augenring."
- "Alexa, okay Google."
- "Alexa, deine Mutter war ein Hamster."
- "Alexa, sing Jingle Bells/Oh Tannenbaum/ Klingglöckchen/Schneeflöckchen Weißröckchen."
- "Alexa, was ist ein guter Aprilscherz?"

- "Alexa, April April."
- "Alexa, ich habe Geburtstag."
- "Alexa, singe Happy Birthday."
- "Alexa, frohe Ostern!"

Kapitel 6: Datenschutz

Die Frage nach dem Datenschutz beschäftigt viele Nutzer der Amazon Echo Geräte. Wie viel hört Alexa? Und werden persönliche Daten vielleicht weitergeleitet?

Es liegt in der Natur der Sache, dass ein persönlicher Assistent viel über seinen Nutzer erfährt, um ihn bestmöglich zu unterstützen. Individuelle Anpassung erfordert individuelle Informationen. Amazon versucht die Skepsis, die Datenschützer bezüglich der Geräte haben, mit Transparenz zu zerstreuen. Es stimmt, dass Alexa theoretisch immer, wenn das Gerät angeschaltet (nicht im Taub-Modus) ist, "mithört". Laut Amazon beginnt die Datenübertragung aber erst, wenn das Aktivierungswort fällt und endet unmittelbar nach der Verarbeitung des Kommandos. Ganz leicht erkennbar ist das am Aufleuchten und wieder Erlöschen des blauen Lichtrings. Die Verarbeitung der Aufnahmen findet allerdings nicht im Gerät, sondern "in der Cloud" statt. Die Aufnahmen landen also potenziell auch auf Amazon Servern im Ausland, wo die Datenschutzbestimmungen möglicherweise weniger streng sind, als es in Deutschland der Fall ist. Immer dann, wenn ein Drittanbieter Dienst verwendet wird, gelten was Daten betrifft außerdem die Bestimmungen dieses Anbieters.

Rein technisch wäre es also möglich, dass Amazon Gespräche über den Echo aufnimmt, Daten auswertet, verkauft oder potenziell sogar an Geheimdienste weitergibt. Außerdem ist unbestritten, dass ein gewisses Risiko gehackt zu werden, nicht ausgeschlossen werden kann. Amazon selbst versichert in der Datenschutzerklärung (‚die online eingesehen werden kann), dass die Daten der Kunden gewissenhaft behandelt werden. Wenn dir das nicht ausreicht, gibt es einige Dinge, die du tun kannst, um dich zu schützen. Schalte Alexa "taub", wann immer du sie nicht benötigst und lösche gegebene Sprachbefehle von Zeit zu Zeit direkt in der App. Amazon rät allerdings von Letzterem ab, da es das Alexa-Erlebnis "abwerten" kann.

Letztendlich muss also jeder für sich selbst entscheiden, ob er Alexa nutzen und wie viel er ihr verraten möchte. Es ist allenfalls ratsam, Alexa empfindliche Inhalte und Informationen vorzuenthalten. Doch wer - wie man so schön sagt - "nichts zu verbergen hat" und die Geräte vernünftig einsetzt, muss wohl keine großen Befürchtungen haben.

Kapitel 7: Blick in die Zukunft

Dass sprachgesteuerte Assistenten eine große Zukunft haben steht mittlerweile außer Frage. Ob Alexa, Cortana, Siri oder Samsung's Bixby - überall wird getüftelt, optimiert und weiterentwickelt. Was dürfen wir erwarten?

Die Antwort ist ebenso einfach, wie aufregend: Viel. Die Verwendung von immer intelligenteren Sprachassistenten könnte unser alltägliches Leben komplett revolutionieren. Der Markt für smarte Lampen, Heizungen, Autos, Kühlschränke, Staubsauger etc. wird laut vieler Expertenmeinungen boomen und wir selbst werden uns ein Leben ohne KI (künstliche Intelligenz) kaum noch vorstellen können. Während schon jetzt zahlreiche Smart Home Geräte erworben werden können, ist das doch nur der Anfang. Es kann davon ausgegangen werden, dass sich im Laufe der Zeit mehr und mehr Bereiche unseres Lebens durch Sprachassistenten verändern werden. Die Profi's sind sich sicher: Die Zukunft wird smart - und wir können gespannt sein.

Schlusswort

Hoffentlich konnte dir dieses Buch die Funktionsweise und Handhabung des Amazon Echo's näherbringen und einige Inspiration dafür liefern, wie du dein Echo Gerät nutzen möchtest. Viel Freude beim Ausprobieren und Anfreunden mit Alexa!

Quellen

http://www.susay.de/alexa-easter-eggs/

http://www.handelsblatt.com/technik/gadge
ts/amazon-echo-im-test-wie-amazon-den-
datenschutz-handhabt/14780870-3.html

https://www.externedatenschutzbeauftragte.
de/blog/amazon-echo-box.html

https://www.verbraucherzentrale.de/amazon
-echo

http://www.giga.de/audio/amazon-
echo/specials/amazon-echo-wie-sieht-es-mit-
dem-datenschutz-aus/

https://www.amazon.de/gp/help/customer/
display.html?tag=giga-de-
21&ascsubtag=1708282337040727391&nodeI
d=3312401

http://www.huffingtonpost.de/2017/05/18/v
irtuelle-intelligente-
assistenten_n_16686762.html

http://www.giga.de/audio/amazon-
echo/specials/alexa-wird-zum-superhirn-
ifttt-mit-amazon-echo-verbinden/

http://www.giga.de/audio/amazon-echo/tipps/amazon-echo-anleitung-alexa-einrichten-so-gehts/

https://alexa.amazon.de/

https://www.amazon.de/gp/help/customer/display.html/ref=hp_ss_v3_ds_t4?ie=UTF8&nodeId=200127470

Impressum

Wichtiger Hinweis:

Die in diesem Buch enthaltenen Informationen dienen ausschließlich informativen Zwecken und dürfen unter keinen Umständen als Ersatz für eine professionelle Beratung oder Behandlung durch ausgebildete und anerkannte Ärzte angesehen werden. Diese beinhalten keinerlei Empfehlungen bezüglich bestimmter Diagnose- oder Therapieverfahren. Die Inhalte dürfen niemals als eine Aufforderung zur Selbstbehandlung oder als Grundlage für Selbstdiagnosen und -medikation verstanden werden. Die Informationen spiegeln lediglich die Meinung des

Autors wieder. Der Autor übernimmt für die Art oder Richtigkeit der Inhalte keine Garantie, weder ausdrücklich noch impliziert.

Sollten Inhalte des Buches gegen geltendes Recht verstoßen, dann bittet der Autor um umgehende Benachrichtigung. Die betreffenden Inhalte werden dann umgehend entfernt oder geändert.

Haftung für Links

Das Buch enthält Links zu externen Webseiten Dritter, auf deren Inhalte wir keinen Einfluss haben. Deshalb können wir für diese fremden Inhalte keine Gewähr übernehmen. Für die Inhalte der verlinkten Seiten ist stets der jeweilige Anbieter oder Betreiber der Seiten verantwortlich. Die verlinkten Seiten wurden zum Zeitpunkt der Verlinkung auf mögliche Rechtsverstöße überprüft. Rechtswidrige Inhalte waren zum Zeitpunkt der Verlinkung nicht erkennbar. Eine permanente inhaltliche Kontrolle der verlinkten Seiten ist jedoch ohne konkrete Anhaltspunkte einer Rechtsverletzung nicht zumutbar. Bei Bekanntwerden von Rechtsverletzungen werden wir derartige Links umgehend entfernen.